LA BONNE
HUMEUR
DE LOUP GRIS

une histoire racontée par Gilles Bizouerne
et illustrée par Ronan Badel

Didier Jeunesse

Un matin,
Loup gris se réveille de bonne humeur,
vraiment de très bonne humeur.
Les oreilles dressées et le museau en alerte.

«**Oh!** Quelle belle journée!
Mmm, j'ai faim,
j'ai **TERRIBLEMENT** faim!»

Loup gris s'élance sur les chemins
et part à la recherche de nourriture.

Il gambade, renifle par ici, renifle par là…

Au sommet d'une montagne, il voit un bélier.

« **Holà!** C'est moi, le **LOUOUUUUP**, je suis le plus beau, le plus costaud!
Gros bélier, je vais te manger, je vais t'avaler pour mon petit déjeuner. HA, HA, **HA!** »

« Loup gris, je veux bien être avalé, mais tu n'y arriveras jamais.
Franchement, tu as vu ma taille ? J'ai une idée :
descends au bas de la montagne. Moi, je dévale la pente,
puis je me mets en boule, **je roule**, **je roule**…
Et d'un coup, je saute dans ta gueule
grande ouverte. »

Tout content, Loup gris descend la montagne,
s'assoit bien calé sur son arrière-train,
ouvre grand la gueule
et attend.

Alors, le bélier dévale la pente, **vite**, **vite**.
Il saute, frappe avec ses cornes
le front de Loup gris
qui tombe,

ÉVANOUI.

Trois heures plus tard, Loup gris revient à lui.

Il se redresse péniblement et tâte une bosse sur son front.

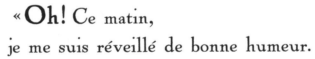

«**Oh!** Ce matin,
je me suis réveillé de bonne humeur.
Et me voici avec le front **BOSSELÉ**
et le ventre toujours **AFFAMÉ!**»

Loup gris court, cherche ici, cherche là…

À midi, près d'une ferme, il aperçoit une truie et ses porcelets.
Crocs en avant, il bondit.

« Holà! C'est moi, le LOUOUUUUP,

je suis le plus beau, le plus costaud!

Grosse truie, tes petits cochons, je vais en faire du saucisson.

HA,

HA,

HA!»

« Loup gris, je veux bien que tu fasses du saucisson
avec mes trois petits cochons, mais ils sont tout sales, regarde-les !
Allons à la rivière, nous les laverons, ensuite tu les mangeras ! »

Au bord de la rivière, la truie dit à Loup gris :

« Moi, je reste sur la berge et lave mes petits. Toi, tu entres dans l'eau pour les rincer et les manger. Entre dans l'eau ! Arrête de claquer des dents, vas-y, il ne fait pas si froid ! Recule, Loup gris, encore, plus loin, **encooore !**»

Loup gris n'a presque plus pied, et le courant est fort.

Soudain il perd l'équilibre,
et tombe dans l'eau glacée.
Il est emporté par la rivière
jusqu'à la roue d'un moulin.
Dans la roue, il se coince la queue.

« OUILLE,
        OUILLE, OUILLE! »

Loup gris est tiré, secoué.
Il donne des coups de patte,
des coups de dent,
il se débat longtemps.

Enfin, il réussit à se dégager.

À bout de souffle, il regagne la berge.

«**Ooh!** Ce matin,
je me suis réveillé de boonne humeur.
Et me voici avec le front **BOSSELÉ**, le ventre toujours **AFFAMÉ**,
le poil **TREMPÉ** et... aaatchoum! sacrément **ENRHUMÉ**!»

Loup gris rôde, passe par ici, passe par là...

En fin d'après-midi, dans une vaste prairie, il découvre un troupeau de moutons.
Il se lèche les babines. Il choisit l'animal le plus dodu et rampe jusqu'à lui.

« Holà! C'est moi, le LOUOUUUUP, je suis le plus beau, le plus costaud!
Petit mouton, ta vie est finie. Crois-moi, je vais t'attraper.
HA, HA, HA!»

«Loup gris, je veux bien que tu m'attrapes, mais avant de me manger,
laisse-moi chanter avec mes frères ma tristesse de quitter la terre.
Et toi qui vas me dévorer, chante donc ta joie d'avoir trouvé un bon repas!»

Les moutons se mettent à bêler, à bêler en chœur, à bêler de plus en plus fort!
Quant à Loup gris, il pousse des hurlements, des hurlements de joie
d'avoir enfin trouvé à manger!

Ce vacarme alerte le chien qui garde le troupeau.

Il se précipite au milieu des moutons.

Il saute sur Loup gris, lui mord une patte
et croque un bout de sa queue. « AÏE, AÏE, AÏE! »

Loup gris prend la fuite et disparaît dans la forêt.

« Oooh ! Ce matin, je me suis réveillé de booonne humeur.
Et me voici avec le front **BOSSELÉ**,
le ventre toujours **AFFAMÉ**,
le poil **TREMPÉ**, sacrément **ENRHUMÉ**,

une patte **BLESSÉE**

et la queue à moitié **COUPÉE!** »

Clopin-clopant, Loup gris se traîne ici, se traîne là...

Le soir, il voit un cheval dans un pré. Sans bruit, il franchit la barrière.

«**Holà!** C'est moi, le LOUOUUUUP, je suis... Je suis... Euh...
Je suis comme je suis, la question n'est pas là!
Vieux cheval, ton chemin se finira dans mon estomac. HA, HA, HA!»

«Loup gris, je veux bien finir dans ton estomac, mais avant de mourir,
j'ai une dernière volonté. Mon père a gravé son testament sous l'un de mes sabots,
je n'ai jamais pu le lire. S'il te plaît, dis-moi ce qui est écrit.
Ensuite, tu feras de moi ce que tu voudras.»

Le cheval lève une patte arrière. Loup gris se penche au-dessus du sabot.

«Vieux cheval, je ne vois pas le testament!»

«Approche-toi un peu, tu verras mieux.»

Loup gris s'approche et…

Vlan! Le cheval lui décoche une ruade.

Un grand coup de sabot fracasse la mâchoire de Loup gris et brise toutes ses dents!

Loup gris est projeté, la tête la première, par-dessus la barrière. Il retombe par terre…

ASSOMMÉ!

Il fait déjà nuit quand Loup gris, étourdi, ouvre péniblement un œil.

« Ooooh ! Fe mahin, fe me fuis réheillé de ooooonne humeur.
Et me voifi aèc le ront BOFFELÉ, le venre ouours AFFAHÉ,
le oil REMBÉ, facrément ENHUMÉ, une batte BLEFFÉE,
la heue à moihié OUBÉE, la mâhoire FRACAFFÉE et les dents BRIFÉES ! »

On a beau se réveiller de bonne humeur,
il y a vraiment des jours où il vaut mieux rester couché !